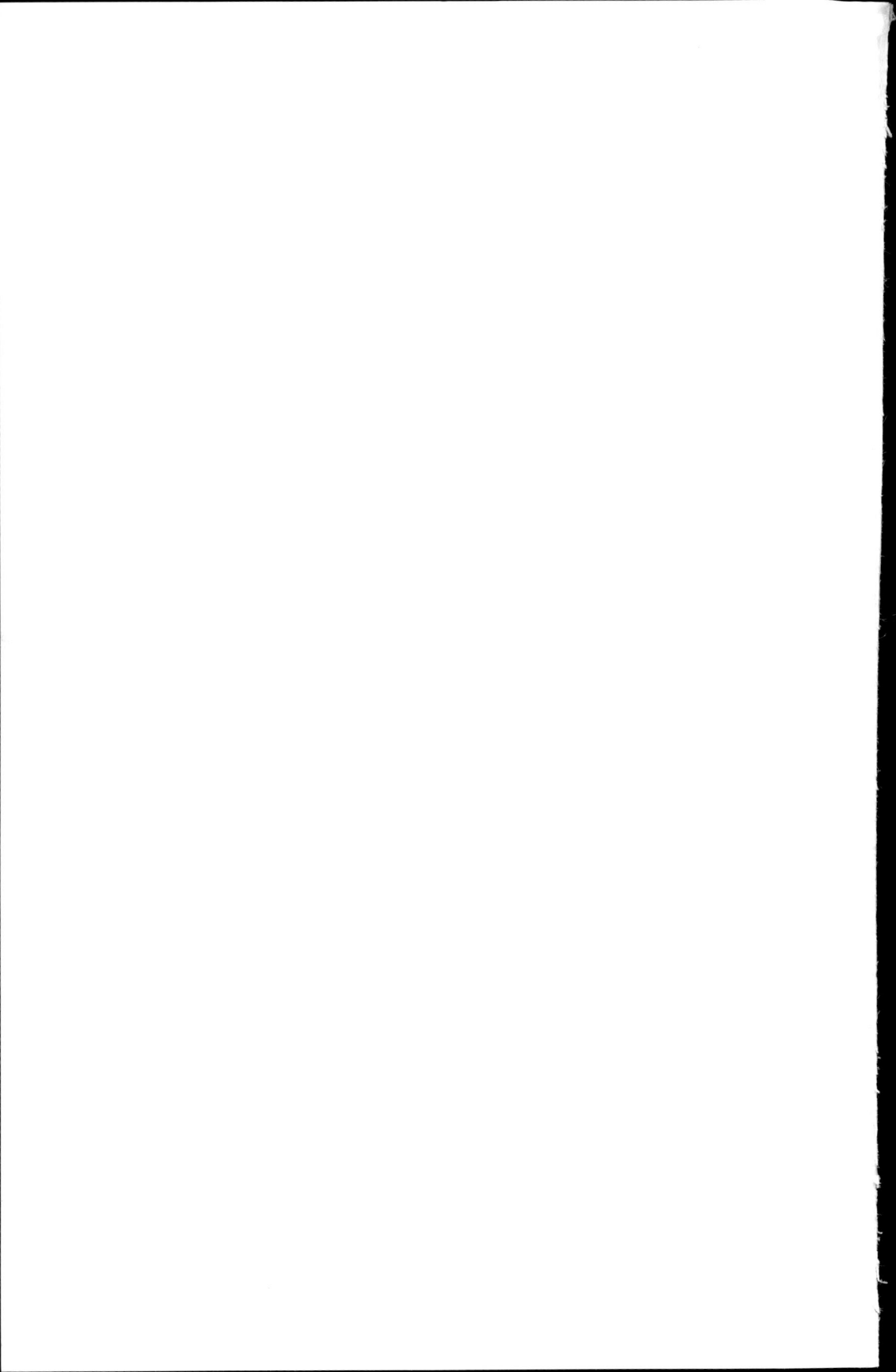

Papá, quiero escuchar tu historia

Published by Lulu and Bell

ISBN: 978-1-83990-437-0

Lulu and Bell 2024

Cómo usar este diario guiado

Usar este diario guiado es una excelente manera de explorar y contar la historia de tu vida. Proporciona estructura, inspiración y orientación mientras reflexionas sobre tus experiencias, pensamientos y emociones, y las documentas. A continuación, te presentamos una descripción paso a paso de cómo usar este diario guiado de forma efectiva:

Establece una rutina de escritura regular

Dedica un momento y un lugar específicos para escribir en tu diario. La constancia es clave. Reserva unos minutos cada día o elige un día específico de la semana para dedicarte a tu diario guiado. Busca un espacio tranquilo y cómodo donde puedas concentrarte sin distracciones.

Lee las indicaciones con atención

Tómate el tiempo para leer y comprender las indicaciones que aparecen en tu diario guiado. Las indicaciones pueden variar desde preguntas específicas sobre tu infancia o eventos clave en tu vida, hasta temas más amplios como el crecimiento personal o tus aspiraciones. Asegúrate de entender bien cada indicación antes de responder.

Reflexiona y escribe

Date el tiempo para reflexionar sobre la indicación antes de escribir. Piensa en los recuerdos, emociones e ideas relacionadas con la indicación. Reflexiona sobre cómo se conecta con tu historia de vida y qué aspectos te gustaría resaltar. Cuando estés listo, comienza a escribir tu respuesta. Sé honesto, auténtico y profundiza en tus pensamientos y experiencias.

Date permiso para expresar tanto las alegrías como los desafíos de tu vida. Explora tus triunfos, fracasos, lecciones aprendidas y el crecimiento que has experimentado a lo largo del camino. Escribir de forma auténtica te ayudará a capturar la esencia de tu historia de vida.

Añade detalles y contexto

A medida que respondas a las indicaciones, incluye detalles específicos, anécdotas y recuerdos que den profundidad a tu historia. Describe a las personas, lugares y eventos que han moldeado tu vida. Esto creará una narrativa vívida y atractiva que muestre tus experiencias únicas.

Revisa y reflexiona

De vez en cuando, revisa tus entradas anteriores para obtener una perspectiva más amplia de tu historia de vida. Reflexiona sobre las conexiones y patrones que observes. Esto puede ofrecer valiosos conocimientos sobre tu crecimiento personal, valores y aspiraciones.

Personaliza y adapta

No tengas miedo de personalizar tu experiencia con el diario guiado. Añade tus propias indicaciones, ilustraciones o fotografías para hacerlo verdaderamente tuyo. Este toque personal enriquecerá aún más tu viaje de narración.

Abraza el viaje

Recuerda, contar la historia de tu vida es un proceso que se despliega con el tiempo. Abraza el viaje y disfruta del autodescubrimiento y la reflexión que conlleva. No apresures las indicaciones, sino date el tiempo de explorar y expresar tu narrativa por completo.

Siguiendo estos pasos, podrás utilizar de manera efectiva un diario guiado con indicaciones para contar la historia de tu vida. Puede ser una experiencia gratificante e introspectiva que te permita obtener una comprensión más profunda de ti mismo y de tu camino.

Infancia: El comienzo

¿Puedes describir el día en que naciste y
algún recuerdo especial que tus padres
o tu familia compartieron contigo?

_____

_____

_____

_____

_____

_____

_____

_____

_____

_____

_____

_____

_____

_____

_____

_____

_____

_____

_____

_____

_____

¿Tus padres o tu familia compartieron
algún recuerdo de ti cuando eras bebé?

_____

_____

_____

_____

_____

_____

_____

_____

_____

_____

_____

_____

_____

_____

_____

_____

_____

_____

_____

_____

_____

_____

_____

_____

¿Hay algún significado o historia detrás
de tu nombre?

_____

_____

_____

_____

_____

_____

_____

_____

¿Dónde pasaste los primeros años de tu vida y cómo era tu
hogar durante ese tiempo?

_____

_____

_____

_____

_____

_____

_____

_____

_____

¿Puedes compartir algún hito o logro significativo que alcanzaste durante tus primeros años?

_____

_____

_____

_____

_____

_____

_____

_____

_____

_____

_____

_____

_____

_____

_____

_____

_____

_____

_____

_____

_____

_____

¿Hubo algún evento histórico significativo o cambios culturales en el mundo durante tus primeros años que recuerdes?

_____

_____

_____

_____

_____

_____

_____

_____

_____

_____

_____

_____

_____

_____

_____

_____

_____

_____

_____

_____

¿Cuáles eran algunos de tus juguetes, objetos de consuelo o juegos favoritos cuando eras niño/a?

_____

_____

_____

_____

_____

_____

_____

¿Te han contado alguna vez cosas graciosas o adorables que dijiste o hiciste cuando eras un/a niño/a pequeño/a?

_____

_____

_____

_____

_____

_____

_____

_____

¿Hubo algún libro, canción o cuento antes de dormir que te encantaba escuchar una y otra vez?

_____

_____

_____

_____

_____

_____

_____

_____

¿Ibas a algún grupo o tenías amigos con los que jugabas?

_____

_____

_____

_____

_____

_____

_____

_____

_____

_____

_____

Infancia: Los primeros años

¿Cuáles son algunos de tus recuerdos más tempranos de tu infancia?

_____

_____

_____

_____

_____

_____

_____

_____

_____

_____

_____

_____

_____

_____

_____

_____

_____

_____

_____

_____

_____

¿Dónde creciste y cómo era vivir allí?

_____

_____

_____

_____

_____

_____

_____

_____

_____

_____

_____

_____

_____

_____

_____

_____

_____

_____

_____

_____

_____

_____

_____

_____

¿Tenías algún juego o actividad favorita que disfrutabas cuando eras niño/a?

_____

_____

_____

_____

_____

_____

_____

_____

¿Cuáles eran tus materias o pasatiempos favoritos en la escuela?

_____

_____

_____

_____

_____

_____

_____

_____

_____

_____

_____

¿Puedes contarme sobre alguna tradición o celebración especial que tenía tu familia cuando eras pequeño/a?

_____

_____

_____

_____

_____

_____

_____

¿Tenías hermanos/as y cómo era tu relación con ellos/as?

_____

_____

_____

_____

_____

_____

_____

_____

¿Cómo eran tus padres? ¿Cómo describirías tu relación con ellos?

_____

_____

_____

_____

_____

_____

_____

_____

_____

_____

_____

_____

_____

_____

_____

_____

_____

_____

_____

_____

_____

_____

¿Tenías alguna tarea o responsabilidad
en la casa cuando eras pequeño/a?

_____

_____

_____

_____

_____

_____

_____

¿Cuáles fueron algunos de los desafíos o dificultades que
enfrentaste durante tu infancia?

_____

_____

_____

_____

_____

_____

_____

_____

_____

_____

_____

¿Hubo alguna vacación o viaje memorable en el que fuiste con tu familia?

_____

_____

_____

_____

_____

_____

_____

_____

_____

_____

_____

_____

_____

_____

_____

_____

_____

_____

_____

¿Hubo alguna amistad o relación memorable que tuviste durante esa época?

_____

_____

_____

_____

_____

_____

_____

¿Recuerdas alguna fiesta de cumpleaños o celebración especial durante esa época?

_____

_____

_____

_____

_____

_____

_____

_____

_____

_____

_____

¿Tuviste alguna mascota mientras
crecías y cómo era?

_____

_____

_____

_____

_____

_____

_____

¿Hubo algún libro, película o canción que fuera popular o
influyente durante tu infancia?

_____

_____

_____

_____

_____

_____

_____

_____

_____

¿Hay algo que desees haber hecho de manera diferente o alguna lección que aprendiste durante tu infancia que haya influido en quién eres hoy?

_____

_____

_____

_____

_____

_____

_____

_____

_____

_____

_____

_____

_____

_____

_____

_____

_____

_____

_____

_____

_____

Infancia: Los años adolescentes

¿Cuál era tu parte favorita de ser
adolescente?

_____

_____

_____

_____

_____

_____

_____

_____

_____

_____

_____

_____

_____

_____

_____

_____

_____

_____

¿Puedes describir tu experiencia en la secundaria? ¿Cuáles fueron algunos momentos o eventos memorables?

_____

_____

_____

_____

_____

_____

_____

¿Quiénes fueron tus amigos más cercanos durante tus años de adolescencia? ¿Sigues en contacto con ellos?

_____

_____

_____

_____

_____

_____

_____

_____

_____

_____

_____

¿Participaste en alguna actividad
extracurricular o club en la escuela?
¿Cuáles eran y qué te gustaba de ellos?

_____

_____

_____

_____

_____

_____

_____

¿Cuáles eran tus tendencias de moda o estilos favoritos cuando
eras adolescente?

_____

_____

_____

_____

_____

_____

_____

_____

_____

_____

¿Tuviste algún trabajo a medio tiempo o responsabilidades durante tus años de adolescencia? ¿Cómo influyeron en tu vida?

_____

_____

_____

_____

_____

_____

_____

_____

¿Hubo algún pasatiempo o interés significativo que desarrollaste durante tus años de adolescencia?

_____

_____

_____

_____

_____

_____

_____

_____

_____

_____

¿Recuerdas algún viaje o vacaciones especiales que tomaste durante esta época? ¿Qué los hizo memorables?

_____

_____

_____

_____

_____

_____

_____

_____

_____

_____

_____

_____

_____

_____

_____

_____

_____

_____

_____

¿Hubo algún artista musical, banda o canción que te encantara durante tus años de adolescencia?

_____

_____

_____

_____

_____

_____

_____

¿Cuáles fueron algunos de los desafíos o dificultades que enfrentaste como adolescente y cómo los superaste?

_____

_____

_____

_____

_____

_____

_____

_____

_____

_____

_____

¿Tuviste algún libro o película favorita que
haya tenido un impacto significativo en ti
durante esa época?

_____

_____

_____

_____

_____

_____

_____

¿Cuáles eran tus aspiraciones o sueños para el futuro cuando
eras adolescente?

_____

_____

_____

_____

_____

_____

_____

_____

_____

_____

_____

¿Puedes describir tu relación con tus padres durante tus años de adolescencia? ¿Cómo evolucionó?

_____

_____

_____

_____

_____

_____

_____

_____

_____

_____

_____

_____

_____

_____

_____

_____

_____

_____

_____

_____

_____

¿Hay algún consejo o lección aprendida de tus años de adolescencia que te gustaría compartir conmigo?

_____

_____

_____

_____

_____

_____

_____

_____

_____

_____

_____

_____

_____

_____

_____

_____

_____

_____

_____

_____

La adultez joven

¿Puedes describir cómo era tu vida cuando
entraste en la adultez por primera vez
después de terminar la escuela secundaria?

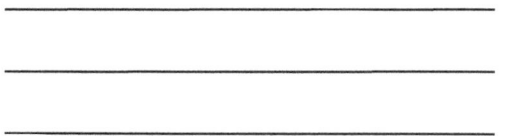

¿Cuáles eran tus aspiraciones o metas profesionales durante tu adultez joven? ¿Cambiaron con el tiempo?

_____

_____

_____

_____

_____

_____

_____

_____

_____

_____

_____

_____

_____

_____

_____

_____

_____

_____

_____

_____

_____

¿Seguiste una educación superior o asististe a la universidad? Si es así, ¿qué estudiaste y cómo te moldeó esa experiencia?

_____

_____

_____

_____

_____

_____

_____

_____

_____

_____

_____

_____

_____

_____

_____

_____

_____

_____

_____

_____

_____

¿Puedes compartir algún momento
memorable o logro de los primeros
años de tu carrera o vida profesional?

_____

_____

_____

_____

_____

_____

_____

¿Viviste solo o con compañeros de cuarto durante tu adultez
joven? ¿Cómo te impactó esa experiencia?

_____

_____

_____

_____

_____

_____

_____

_____

_____

_____

¿Tenías algún pasatiempo o interés
específico que te apasionara durante ese
tiempo?

_____

_____

_____

_____

_____

_____

_____

¿Cuáles fueron algunos de los mayores desafíos u obstáculos
que enfrentaste durante tus primeros años de adultez, y cómo
los superaste?

_____

_____

_____

_____

_____

_____

_____

_____

_____

_____

¿Puedes recordar alguna relación significativa o experiencia romántica que tuviste durante tu adultez joven?

_____

_____

_____

_____

_____

_____

_____

_____

_____

_____

_____

_____

_____

_____

_____

_____

_____

_____

_____

_____

_____

¿Cómo manejaste tus finanzas y navegaste la independencia financiera durante tu adultez joven?

_____

_____

_____

_____

_____

_____

_____

¿Hubo algún evento o experiencia importante en tu vida que haya moldeado significativamente tu perspectiva o valores durante este tiempo?

_____

_____

_____

_____

_____

_____

_____

_____

_____

_____

¿Puedes compartir algún viaje o aventura en la que embarcaste durante tu adultez joven?

_____

_____

_____

_____

_____

_____

_____

_____

_____

_____

_____

_____

_____

_____

_____

_____

_____

_____

_____

¿Cuáles fueron algunas de las lecciones
o sabiduría que adquiriste de tus
experiencias durante este período de tu
vida?

_____

_____

_____

_____

_____

_____

_____

¿Tuviste algún mentor o modelo a seguir que te influyó durante
tu adultez joven?

_____

_____

_____

_____

_____

_____

_____

_____

_____

_____

Mirando hacia atrás, ¿hay algún consejo que le darías a tu yo más joven durante este tiempo?

_____

_____

_____

_____

_____

_____

_____

_____

_____

_____

_____

_____

_____

_____

_____

_____

_____

_____

_____

Amistades y Relaciones

¿Puedes contarme sobre tus amigos más cercanos durante diferentes etapas de tu vida? ¿Qué hizo que esas amistades fueran especiales?

_____

_____

_____

_____

_____

_____

_____

_____

_____

_____

_____

_____

_____

_____

_____

_____

_____

_____

_____

_____

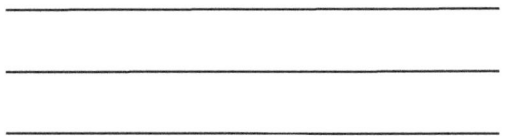

¿Puedes compartir alguna historia o
recuerdo sobre tu(s) mejor(es) amigo(s)
durante tus años más jóvenes?

_____

_____

_____

_____

_____

_____

_____

¿Cuáles eran algunas de las cualidades o características que
valorabas en tus amigos y parejas románticas cuando eras más
joven?

_____

_____

_____

_____

_____

_____

_____

_____

_____

_____

¿Cómo conociste a tu pareja? ¿Puedes compartir alguna historia sobre cómo se desarrolló su relación?

_____

_____

_____

_____

_____

_____

_____

_____

_____

_____

_____

_____

_____

_____

_____

_____

_____

_____

_____

_____

_____

_____

¿Puedes recordar alguna cita, viaje o
experiencia memorable que tuviste con
tu pareja?

_____

_____

_____

_____

_____

_____

_____

_____

_____

_____

_____

_____

_____

_____

_____

_____

_____

_____

_____

_____

¿Alguna vez experimentaste un desamor o desafíos significativos en tus relaciones? ¿Cómo navegaste por esos momentos difíciles?

_____

_____

_____

_____

_____

_____

_____

¿Hubo alguna amistad o relación que haya tenido un impacto significativo en tu vida o que haya moldeado quién eres hoy?

_____

_____

_____

_____

_____

_____

_____

_____

_____

_____

¿Puedes compartir alguna lección o
reflexión que hayas aprendido de tus
amistades y relaciones en el pasado?

_____

_____

_____

_____

_____

_____

_____

¿Alguna vez tuviste una relación a larga distancia o mantuviste
amistades desde lejos? ¿Cómo lograste mantenerte conectado?

_____

_____

_____

_____

_____

_____

_____

_____

_____

¿Cómo cambiaron tus amistades y relaciones a medida que entraste en diferentes etapas de tu vida, como formar una familia o seguir una carrera?

_____

_____

_____

_____

_____

_____

_____

_____

_____

_____

_____

_____

_____

_____

_____

_____

_____

_____

_____

_____

_____

_____

¿Puedes compartir alguna anécdota
divertida o conmovedora sobre tus
amigos o parejas románticas?

_____

_____

_____

_____

_____

_____

_____

_____

_____

_____

_____

_____

_____

_____

_____

_____

_____

_____

_____

_____

_____

Eventos Especiales

¿Puedes contarme sobre el día de tu boda?
¿Cuáles fueron los momentos o detalles
más memorables?

_____

_____

_____

_____

_____

_____

_____

_____

_____

_____

_____

_____

_____

_____

_____

_____

_____

_____

_____

¿Tuviste algún cumpleaños o celebración importante que tenga un lugar especial en tu corazón? ¿Puedes describirlos?

_____

_____

_____

_____

_____

_____

_____

¿Puedes compartir alguna historia o recuerdo de reuniones familiares o encuentros que hayan sido especialmente significativos o divertidos?

_____

_____

_____

_____

_____

_____

_____

_____

_____

_____

_____

¿Tuviste algún logro importante que celebraste? ¿Cómo conmemoraste esos momentos?

_____

_____

_____

_____

_____

_____

_____

_____

_____

_____

_____

_____

_____

_____

_____

_____

_____

_____

_____

_____

¿Puedes recordar alguna vacación o viaje que se destaque como una experiencia inolvidable? ¿Qué los hizo tan especiales?

_____

_____

_____

_____

_____

_____

_____

_____

_____

_____

_____

_____

_____

_____

_____

_____

_____

_____

_____

_____

_____

_____

¿Alguna vez asististe a un evento cultural o religioso significativo que te haya dejado una impresión duradera? ¿Puedes describirlo?

_____

_____

_____

_____

_____

_____

_____

¿Tuviste la oportunidad de ser testigo de algún evento histórico o ser parte de algún movimiento social? ¿Cómo te impactaron esos eventos?

_____

_____

_____

_____

_____

_____

_____

_____

_____

_____

¿Puedes describir algún aniversario especial o momento importante en tu relación con tu pareja?

_____

_____

_____

_____

_____

_____

_____

_____

_____

_____

_____

_____

_____

_____

_____

_____

_____

_____

_____

_____

_____

_____

_____

¿Tuviste la oportunidad de conocer a alguna persona influyente o famosa a lo largo de tu vida? ¿Quiénes fueron y cómo fue esa experiencia?

_____

_____

_____

_____

_____

_____

_____

¿Puedes compartir alguna historia o recuerdo de ceremonias de graduación o logros académicos que hayan sido importantes para ti?

_____

_____

_____

_____

_____

_____

_____

_____

_____

¿Has experimentado alguna vez un momento de crecimiento personal o autodescubrimiento que consideres un evento especial en tu vida?

Paternidad

¿Cuáles fueron tus pensamientos y
emociones iniciales cuando supiste que
ibas a ser padre?

_____

_____

_____

_____

_____

_____

_____

_____

_____

_____

_____

_____

_____

_____

_____

_____

_____

_____

_____

_____

¿Cuáles fueron algunos de los mayores desafíos que enfrentaste durante las primeras etapas y cómo los superaste?

_____

_____

_____

_____

_____

_____

_____

¿Cómo cambió tu perspectiva sobre la vida y tus prioridades después de convertirte en padre?

_____

_____

_____

_____

_____

_____

_____

_____

_____

_____

¿Tenías alguna filosofía o enfoque
específico de crianza que te guiara en la
paternidad?

_____

_____

_____

_____

_____

_____

_____

_____

¿Cuáles fueron los aspectos más gratificantes de ser padre para
ti?

_____

_____

_____

_____

_____

_____

_____

_____

_____

_____

_____

_____

¿Hubo momentos en los que te sentiste inseguro o abrumado como padre? ¿Cómo afrontaste esos momentos?

_____

_____

_____

_____

_____

_____

_____

¿Cómo cambió tu relación con tus propios padres o tu familia después de convertirte en padre?

_____

_____

_____

_____

_____

_____

_____

_____

_____

¿Puedes compartir alguna lección de vida o valores importantes que quisiste inculcar como padre?

_____

_____

_____

_____

_____

_____

_____

_____

_____

_____

_____

_____

_____

_____

_____

_____

_____

_____

_____

_____

_____

_____

¿Cuáles son algunas de las cosas que has aprendido o descubierto sobre ti mismo a través del viaje de la paternidad?

Reflexiones

¿Cómo te sientes cuando miras atrás en tu
vida en su totalidad?

_____

_____

_____

_____

_____

_____

_____

_____

_____

_____

_____

_____

_____

_____

_____

_____

_____

_____

_____

¿Cuáles son algunas de las lecciones más grandes que has aprendido a lo largo de tu viaje de vida?

Si pudieras volver atrás y cambiar una cosa de tu pasado, ¿qué sería y por qué?

_____

_____

_____

_____

_____

_____

_____

¿Cuáles son algunos de los valores o principios más importantes que te han guiado a lo largo de tu vida?

_____

_____

_____

_____

_____

_____

_____

_____

_____

_____

¿Puedes identificar algún momento significativo o punto de inflexión que haya marcado el curso de tu vida?

_____

_____

_____

_____

_____

_____

_____

¿Cómo crees que han evolucionado tus prioridades y perspectivas a lo largo de los años?

_____

_____

_____

_____

_____

_____

_____

_____

_____

_____

_____

¿Hay algún arrepentimiento u
oportunidad perdida que desees haber
seguido de manera diferente?

_____

_____

_____

_____

_____

_____

_____

¿Puedes reflexionar sobre los desafíos o dificultades que has
enfrentado y cómo han contribuido a tu crecimiento personal?

_____

_____

_____

_____

_____

_____

_____

_____

_____

_____

¿Cuáles son algunos de los recuerdos o
logros más preciados de tu vida que te
traen alegría?

_____

_____

_____

_____

_____

_____

_____

_____

_____

_____

_____

_____

_____

_____

_____

_____

_____

_____

_____

_____

_____

_____

¿Cómo te sientes acerca de las relaciones y conexiones que has formado con tu familia, amigos y seres queridos a lo largo de los años?

_____

_____

_____

_____

_____

_____

_____

_____

_____

_____

_____

_____

_____

_____

_____

_____

_____

_____

_____

¿Has logrado los objetivos y sueños que tenías previstos para ti cuando eras más joven? ¿Cómo te sientes al respecto ahora?

_____

_____

_____

_____

_____

_____

_____

¿Cómo esperas ser recordado por aquellos que te han conocido a lo largo de tu vida?

_____

_____

_____

_____

_____

_____

_____

_____

_____

_____

¿Puedes compartir alguna sabiduría o
consejo que le darías a tu yo más joven si
tuvieras la oportunidad?

_____

_____

_____

_____

_____

_____

_____

_____

_____

_____

_____

_____

_____

_____

_____

_____

_____

_____

_____

_____

_____

¿De qué estás más agradecido cuando
miras atrás en tu vida?

_____

_____

_____

_____

_____

_____

_____

_____

_____

_____

_____

_____

_____

_____

_____

_____

_____

_____

_____

_____

_____

Notas

Notas

Notas

Notas

Notas

Notas

Preguntas Rápidas

¿Cuál es tu libro favorito?

_____

_____

¿Cuál es tu película favorita?

_____

_____

¿Café o té?

_____

¿Gatos o perros?

_____

¿Playa o montañas?

_____

¿Dulce o salado?

_____

¿Alondra o búho?

_____

¿Cuál es tu color favorito?

_____

¿Cuál es tu estación favorita?

_____

¿Cuál es tu canción favorita?

_____

_____

_____